¡Buenas noches, mi amor!

Shelley Admont
Illustrado por Samir Boumsik

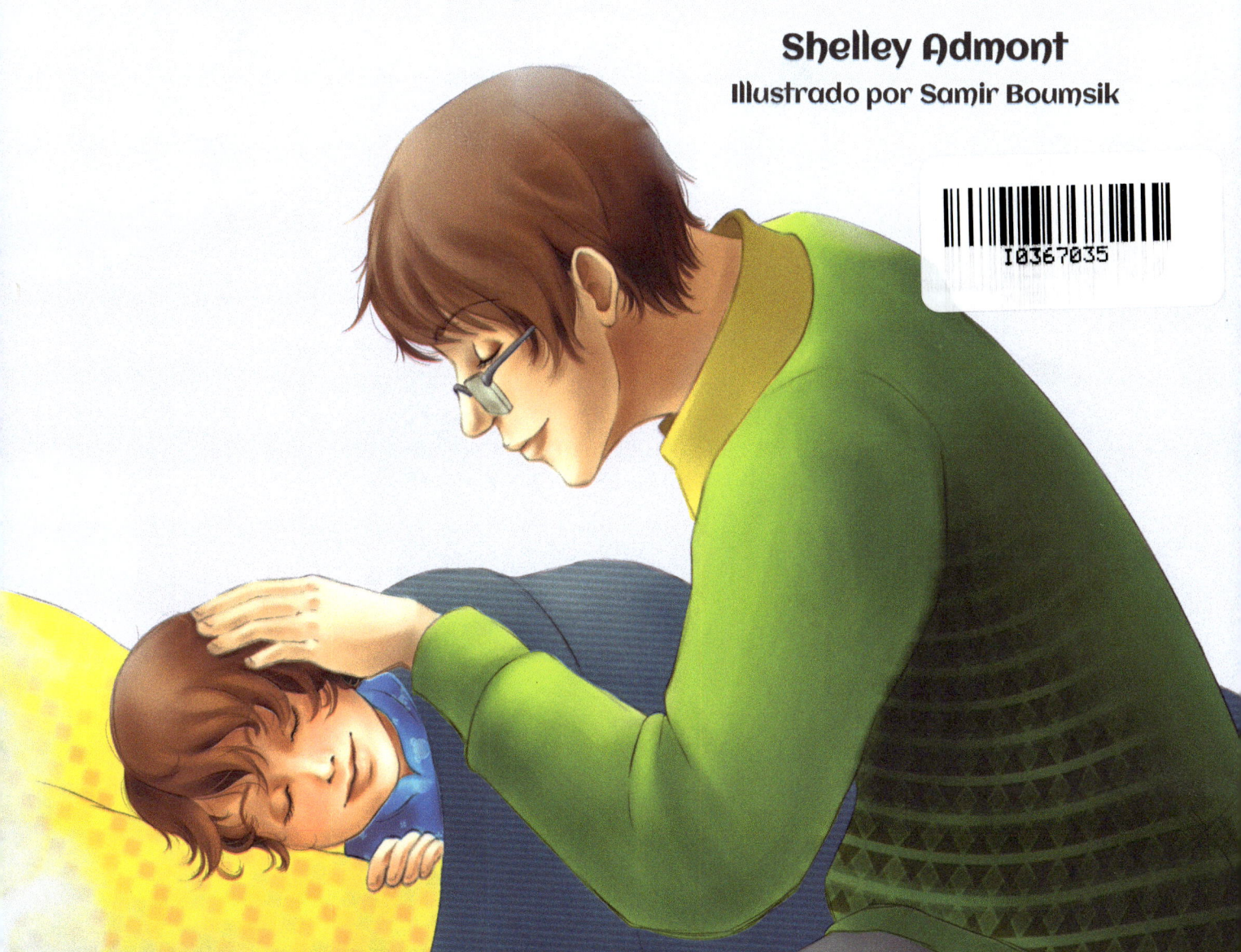

www.kidkiddos.com
Copyright©2015 by S.A.Publishing ©2017 by KidKiddos Books Ltd.
support@kidkiddos.com

All rights reserved. No part of this book may be reproduced in any form or by any electronic or mechanical means, including information storage and retrieval systems, without written permission from the publisher or author, except in the case of a reviewer, who may quote brief passages embodied in critical articles or in a review.

Todos los derechos reservados. Ninguna parte de este libro se puede utilizar o reproducir de cualquier forma sin el permiso escrito y firmado de la autora, excepto en el caso de citas breves incluidas en reseñas o artículos críticos.

Second edition, 2019

Traducido del Inglés por Laura Bastons Compta
Corrección de texto en español por Alejandra Cano

Library and Archives Canada Cataloguing in Publication
Goodnight, My Love! (Spanish Edition)/ Shelley Admont
ISBN: 978-1-5259-1643-4 paperback
ISBN: 978-1-5259-0703-6 hardcover
ISBN: 978-1-5259-0701-2 eBook

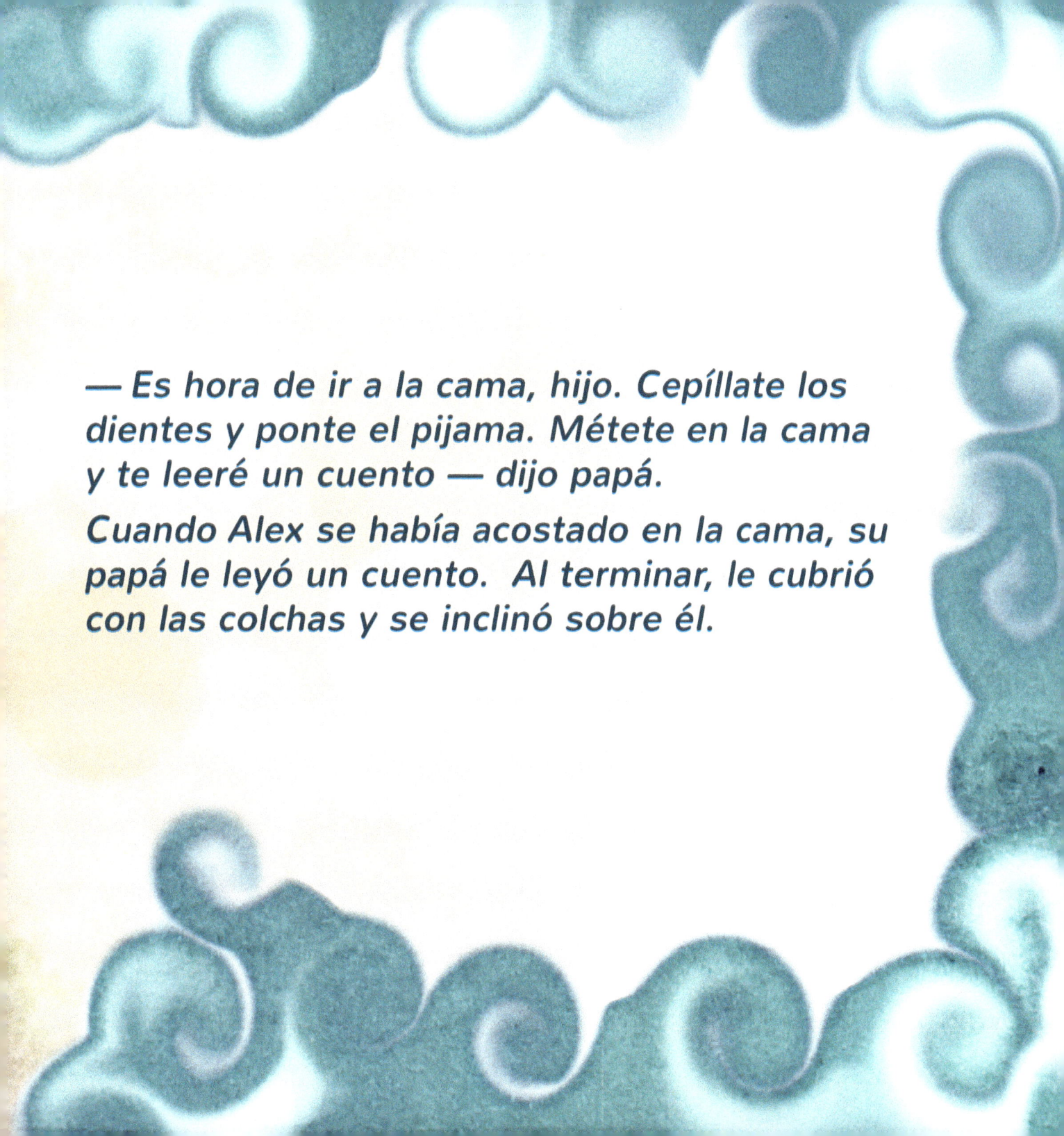

—Es hora de ir a la cama, hijo. Cepíllate los dientes y ponte el pijama. Métete en la cama y te leeré un cuento — dijo papá.

Cuando Alex se había acostado en la cama, su papá le leyó un cuento. Al terminar, le cubrió con las colchas y se inclinó sobre él.

— Buenas noches, hijo. Buenas noches, cariño. Te quiero — le dijo.

— Yo también te quiero papi, pero no me puedo dormir todavía — dijo Alex.

— ¿Por qué hijo? ¿Que te pasa? — preguntó papá.

— Necesito beber agua primero — respondió Alex.

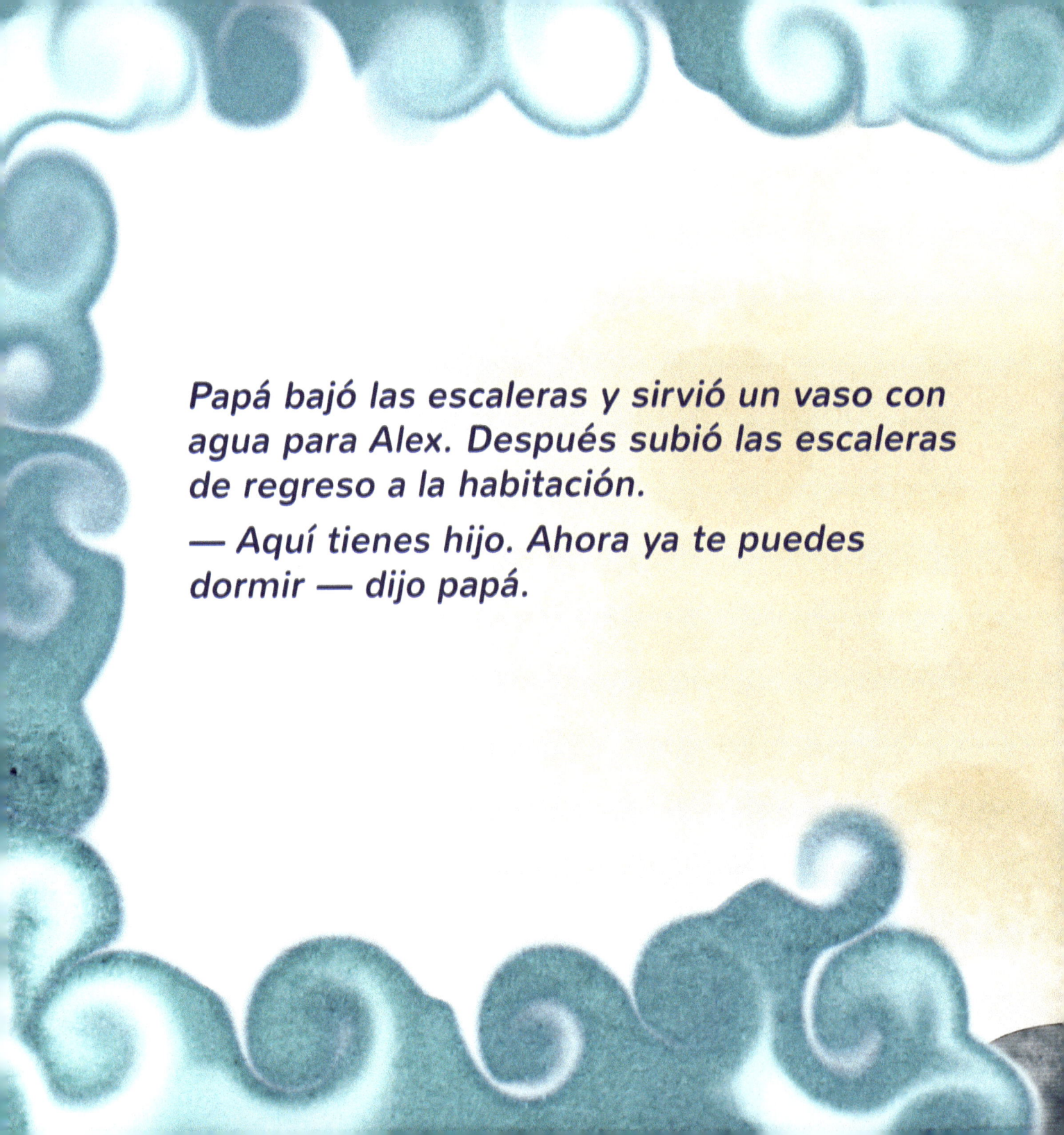

Papá bajó las escaleras y sirvió un vaso con agua para Alex. Después subió las escaleras de regreso a la habitación.

— Aquí tienes hijo. Ahora ya te puedes dormir — dijo papá.

Alex bebió el vaso de agua y se acostó. Su padre le cubrió con las colchas y se inclinó sobre él.

—Buenas noches, hijo. Buenas noches, cariño. Te quiero —dijo.

—Yo también te quiero, papi, pero no me puedo dormir todavía.

—¿Por qué hijo? ¿Qué te pasa? —preguntó papá.

—Necesito mi osito de peluche —respondió Alex.

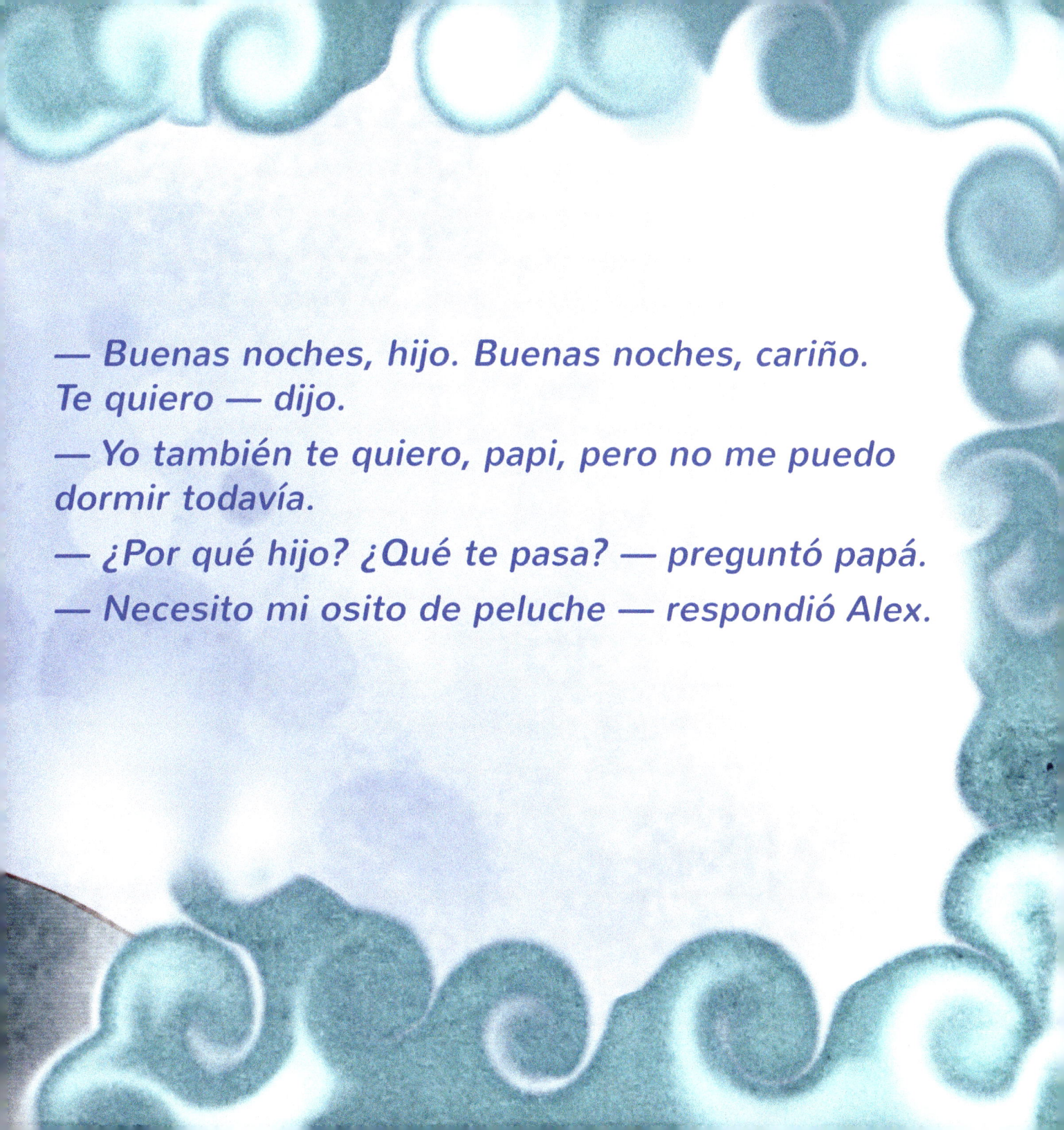

— Este no papá. Necesito el osito de peluche gris — dijo Alex.

Papá se rió. Bajo las escaleras a recoger el osito de peluche gris del sofá. Después, subió las escaleras hacia la habitación de su hijo de nuevo.

— Aquí está tu osito de peluche. Ahora ya te puedes dormir — dijo papá.
— ¡Gracias papi! — dijo Alex.

Papá cubrió con las colchas a su hijo y al osito de peluche y se inclinó sobre ellos.

— Buenas noches, hijo. Buenas noches, cariño. Te quiero — dijo.

— Yo también te quiero papi, pero todavia no me puedo dormir — dijo Alex otra vez.

— ¿Por qué hijo? ¿Qué te pasa? — preguntó papá.

— Mmmm, esto es muy importante, ¿no? — dijo papá. Alex asintió.

— Entonces, ¿por qué no planeamos tu sueño juntos? — preguntó papá.

— ¡Es una gran idea papá!

— Si pudieras ser cualquier cosa, Alex, ¿qué serías?

— Sería un pájaro y flotaría en la brisa —respondió Alex.

— ¡Qué sueño tan hermoso, hijo! — dijo papá.
— Pero, ¿qué pasará después? — preguntó Alex.

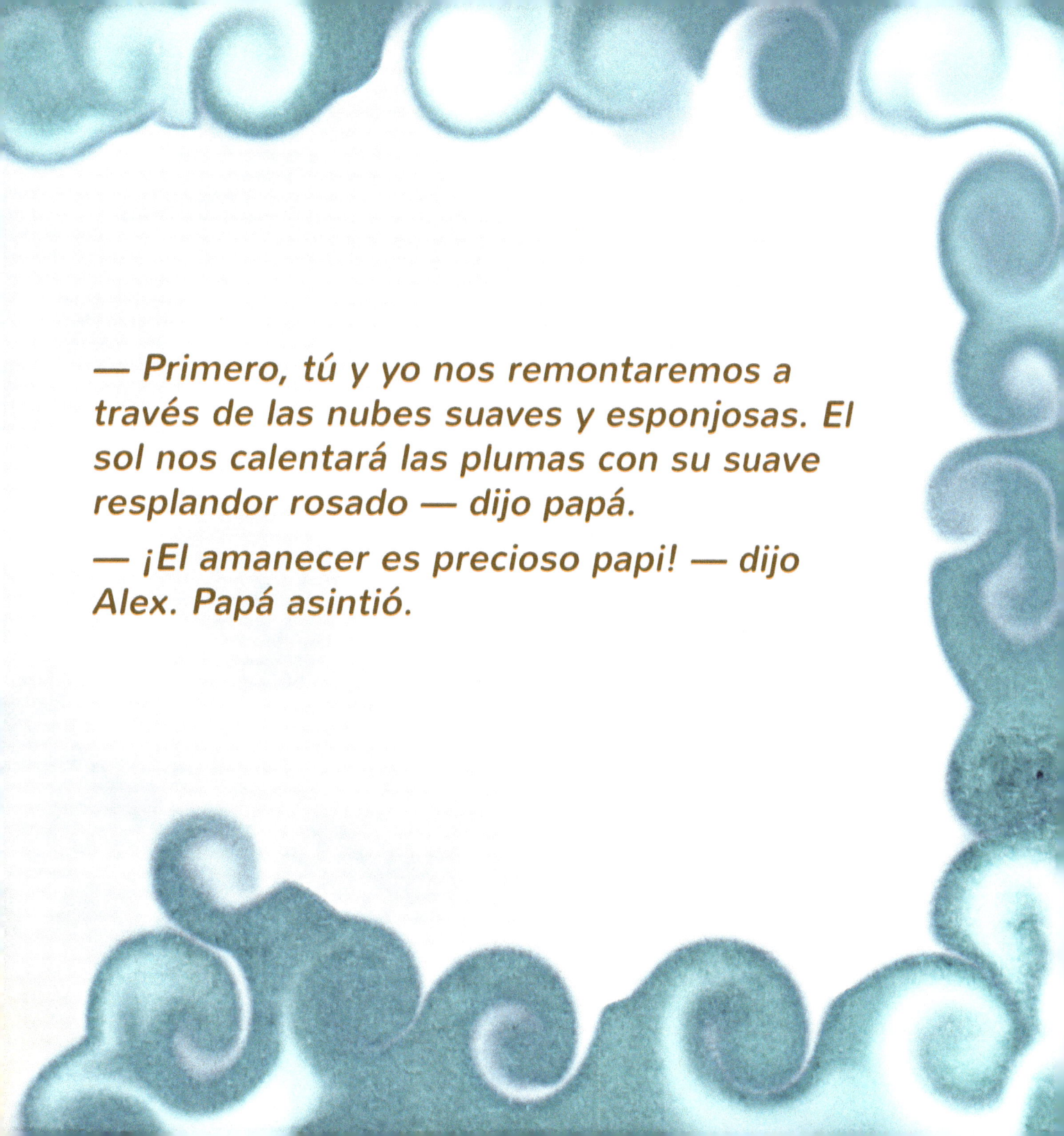

— Primero, tú y yo nos remontaremos a través de las nubes suaves y esponjosas. El sol nos calentará las plumas con su suave resplandor rosado — dijo papá.

— ¡El amanecer es precioso papi! — dijo Alex. Papá asintió.

— Después, nos deslizaremos sobre las montañas frescas y grises pasando sobre el bosque tranquilo — dijo papá.

— Después, nos iremos a nadar en las cálidas aguas del mar. La brisa será suave y salada mientras flotamos sobre las olas calmadas y azules — dijo papá.

— ¿Qué pasa después? — preguntó Alex con un gran bostezo.

— Aterrizaremos en las nubes, como almohadas blancas y esponjosas — dijo papá en voz baja.

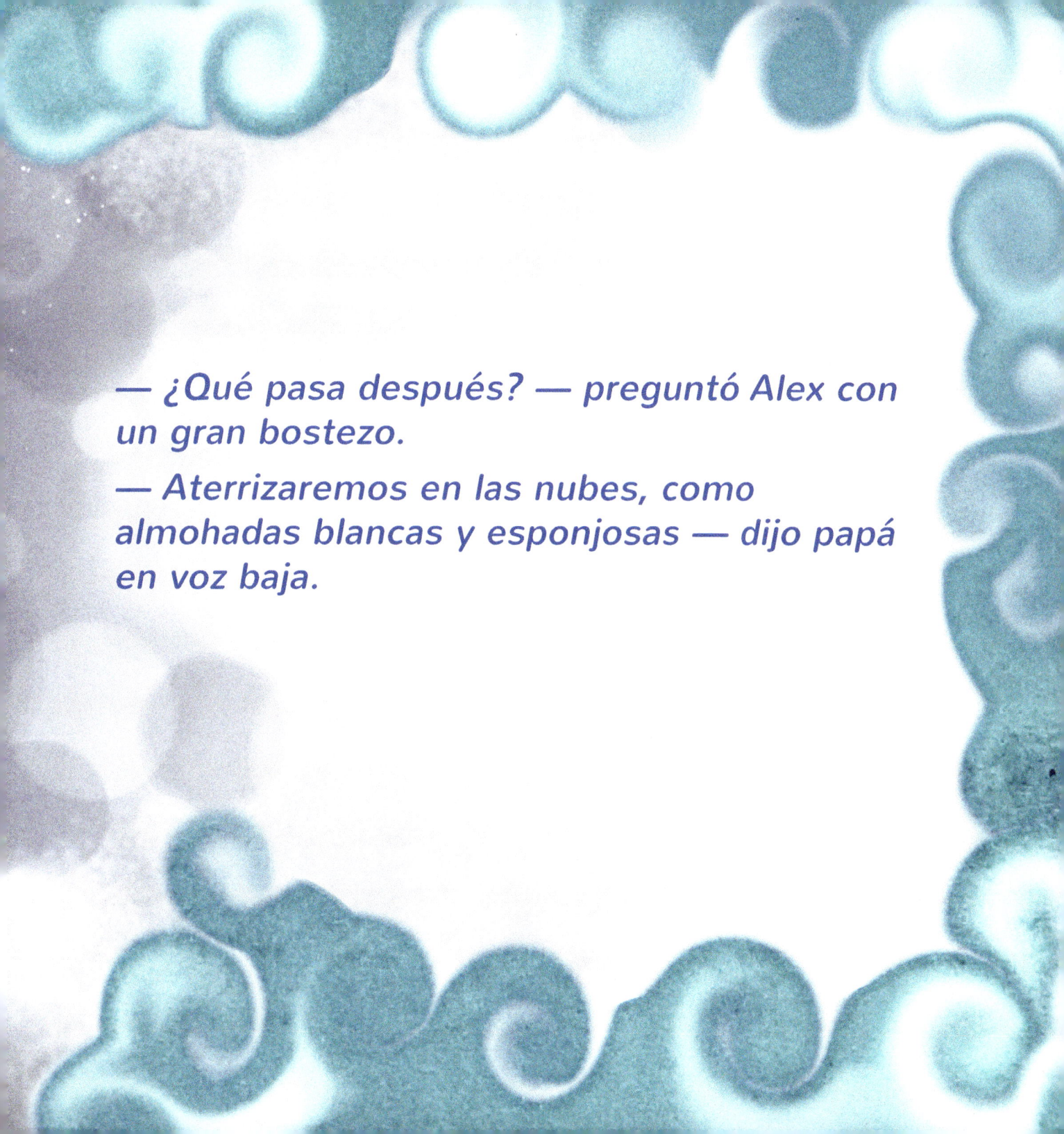

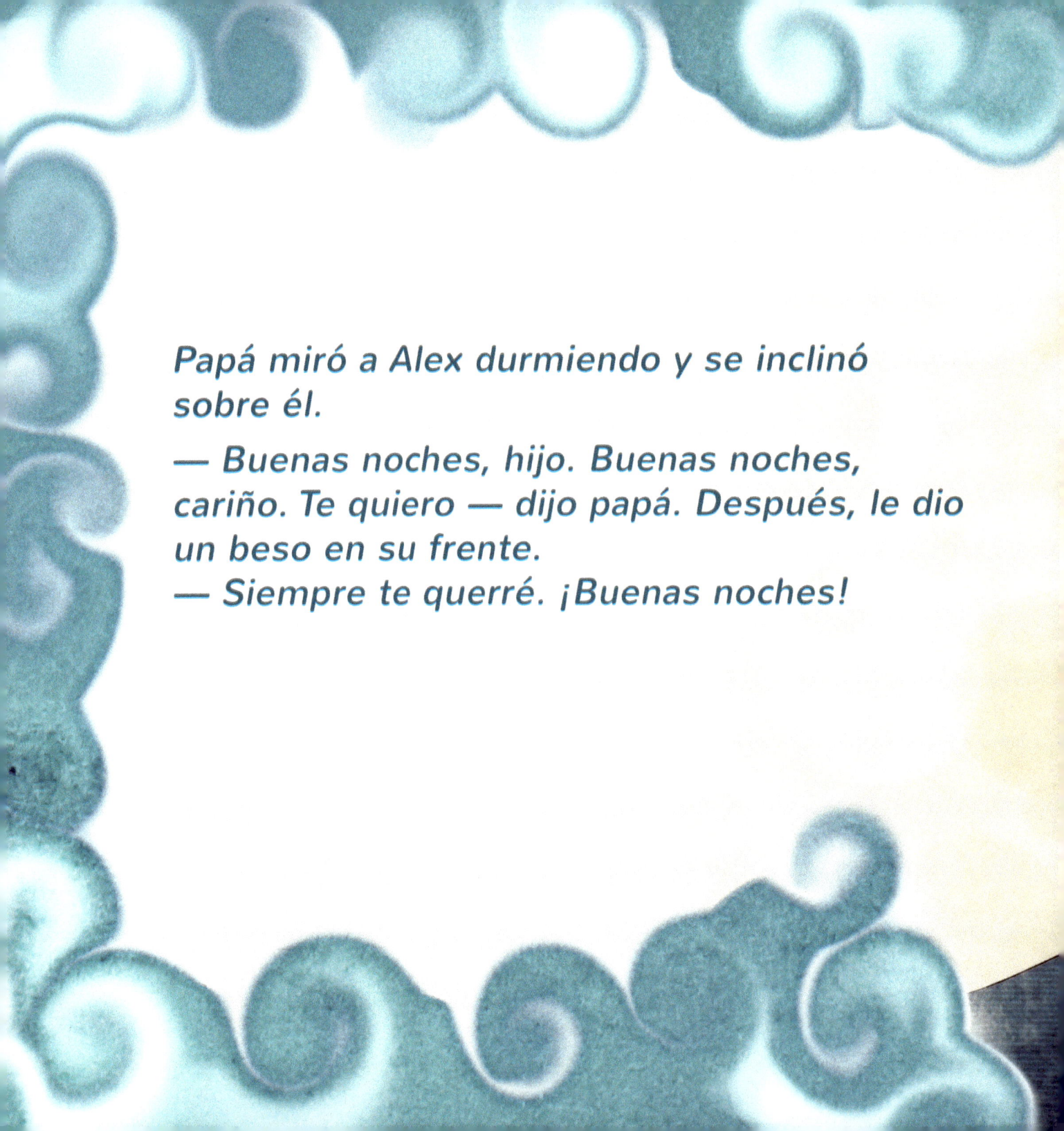

Papá miró a Alex durmiendo y se inclinó sobre él.

— Buenas noches, hijo. Buenas noches, cariño. Te quiero — dijo papá. Después, le dio un beso en su frente.
— Siempre te querré. ¡Buenas noches!

www.ingramcontent.com/pod-product-compliance
Lightning Source LLC
Chambersburg PA
CBHW061141070526
44584CB00033B/4384